森の石松は三河の生まれ

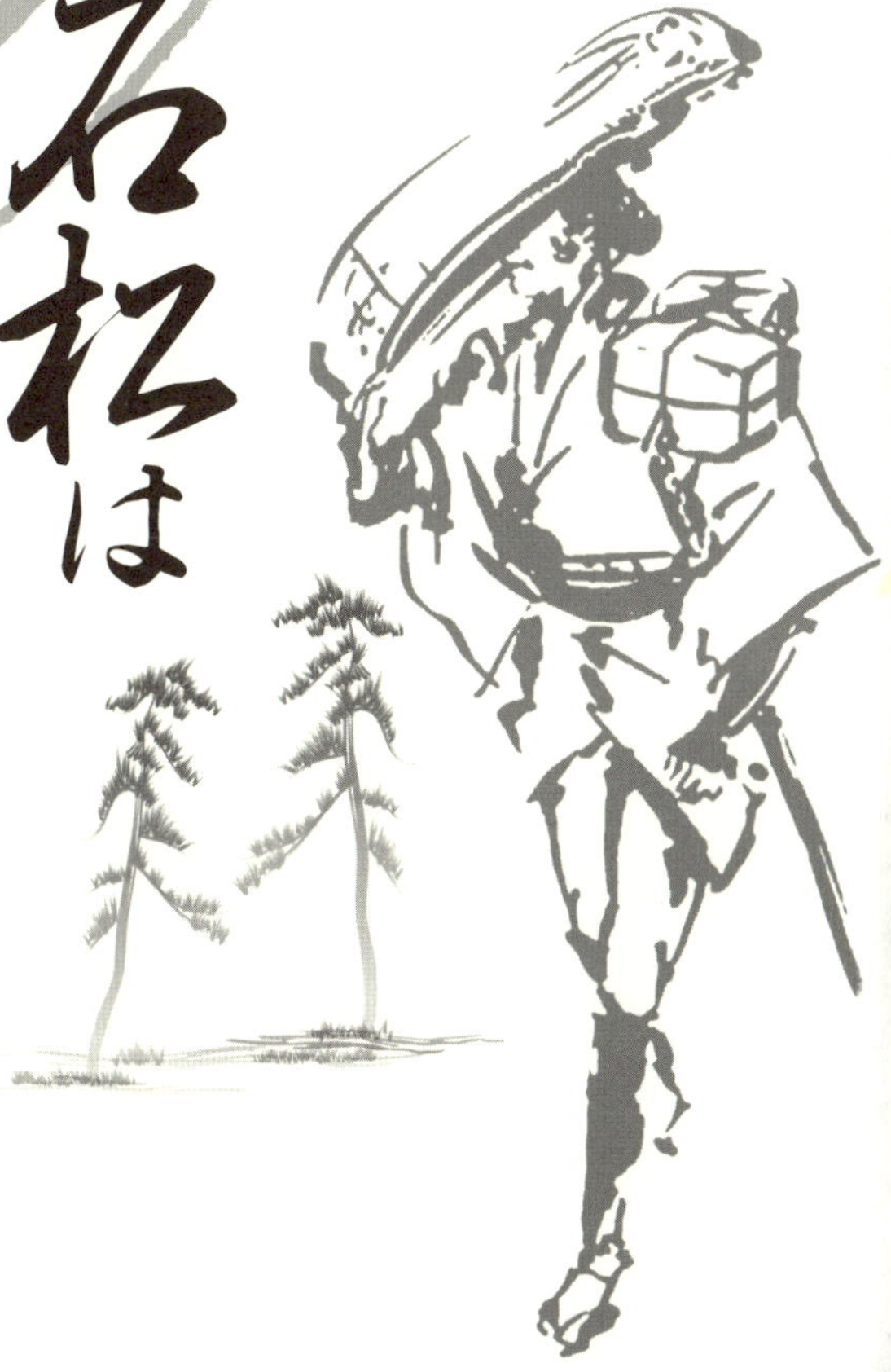

伊田良種

Yoshine Ida

文芸社

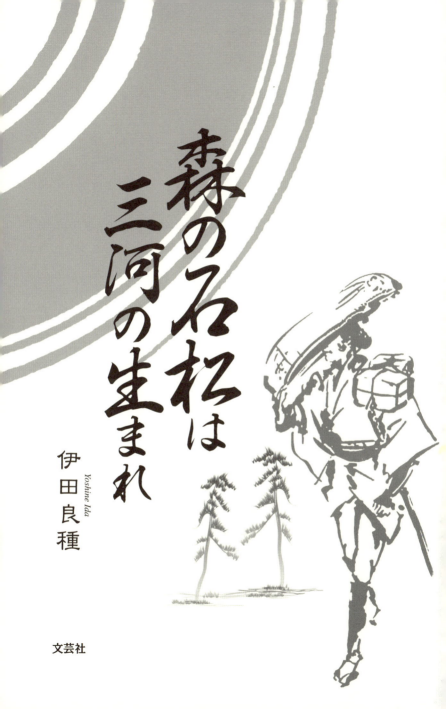

『森の石松は三河の生まれ』を書くにあたって

石松（本名、山本石松）の故郷、愛知県新城市富岡字堀切《ほっきり》の近くで生まれ育った私は、石松のことは幼い頃から地域の古老から聞かされていて、なぜか石松の話になると興味を持って聞くようになっていた。世間では、石松は架空の人物だと言う人もあるが、決してそうではない。実在の人物である。石松は片目の視力がないことが常識化しているが、私の聞いた限りでは両目ともに健在の説がある。私はこれを信じたい。片目が見えないというのは、小説家などが内容を面白くさせるために書いた戯れ言ではあるまいか。石松は幼少の頃から腕白者で周りの人が対応を持て余していたことは事実で、皆が認めている。時が経ち、古老からの伝承も忘れぬうちに、身近な史実として御一読いただければ幸いです。

平成二十五年一月

石松の故郷　富岡　伊田　良種

目次

はじめに

「秋葉路や花橘も茶の香り　流れも清き太田川　若鮎おどる頃となり　松の緑の色もさゑて　遠州森町良い茶の出処　娘やりたやお茶摘みに　ここは名代の火伏せ神　秋葉神社の参道に　産声あげし快男児　昭和の御代まで名を残す　遠州森の石松を　不弁ながらも努めます」

これは義侠伝「遠州森の石松」の一節で、森町茶業青年研究会、島房太郎会長の作った枕詞である。

昭和の初期、講釈師神田伯山の講談や、当時浪曲会の人気ナンバーワンと言われた広沢虎造師の名調子にのり、口演やレコード・ラジオ等によって森町のお茶と侠客「森の石松」の名は、全国に風靡するに至った。

浪曲や講談では、石松は森町の出身とされているが、果たしてそうであろうか。神田伯山は石松の森町生まれを最後まで通しているが、おそらく森町、飯田出身の作家、村松梢風の創作と思われるのだが？

森町の郷土史家、大隅信好氏は、「石松が森町出身であることを証明する資料は、何一つ残っていないが、石松は森町の恩人である。石松のおかげで森町のお茶は一段と声価を高めたし、観光森町は脚光を浴びることになった」と郷土誌、「三木の里」に書いている。

以前（平成六年八月十九日）、森町観光協会の一行が石松の史跡探訪で富岡の洞雲寺を訪れた際、案内に同席した私が、会長の山下和男氏に尋ねた。「あなたは、石松が森町の生まれと信じておられるか」と。そのお返事は「思ってはいない。三河の生まれと聞いている」だった。

その1　石松の生い立ち

私が少年の頃、地元掘切《ほっきり》の植村栄吉（昭和四十三年二月二日没、九十二歳）さんや土地の古老から聞かされていた「石松」の生家山本家は、当時三河国八名《やな》郡半原村堀《ほっ》切《きり》（現、新城市富岡字堀切平）で私の家から三〇〇メートルほどのところにある。私が子供の頃は、堀切にも幼友達がいて、付近一帯は私たちの遊び場で、当時（昭和の初期）屋敷内にはまだ古びた納屋が残っていたのを覚えている。

屋敷跡も約一反歩（一〇アール）もある広さで現在は農地で栗畑となっているが、当時、山本家で使用していた井戸だけは今も残っている。

山本家の先祖は、信州諏訪藩の藩士であったが何らかの理由により主家を浪人して、三河の堀切で百姓となった。

百姓と言っても名字帯刀を許された郷士で、代々、山本荘次郎を名乗り、名主、庄屋を務めていた家柄で、洞雲寺境内にある山本家先祖の墓地には立派な墓碑も立ち並んでいる。

石松の母であるかなの実家、稲吉家は三河国設楽郡作手郷大和田村（現、新城市作手大和田）の郷士で、元は武士、代々、稲吉庄右衛門を名乗る、大和田村の開祖である。

かなは文武両道の達人、稲吉庄右衛門応貞の妹で、山本、稲吉の両家とも地方の名望家であり、似合いの家柄というわけで世話をする人があり、助治のもとへ嫁いできた。

そして二人の間に生まれた長男は夭折したが、続いて次男の石松が生まれた（文政六

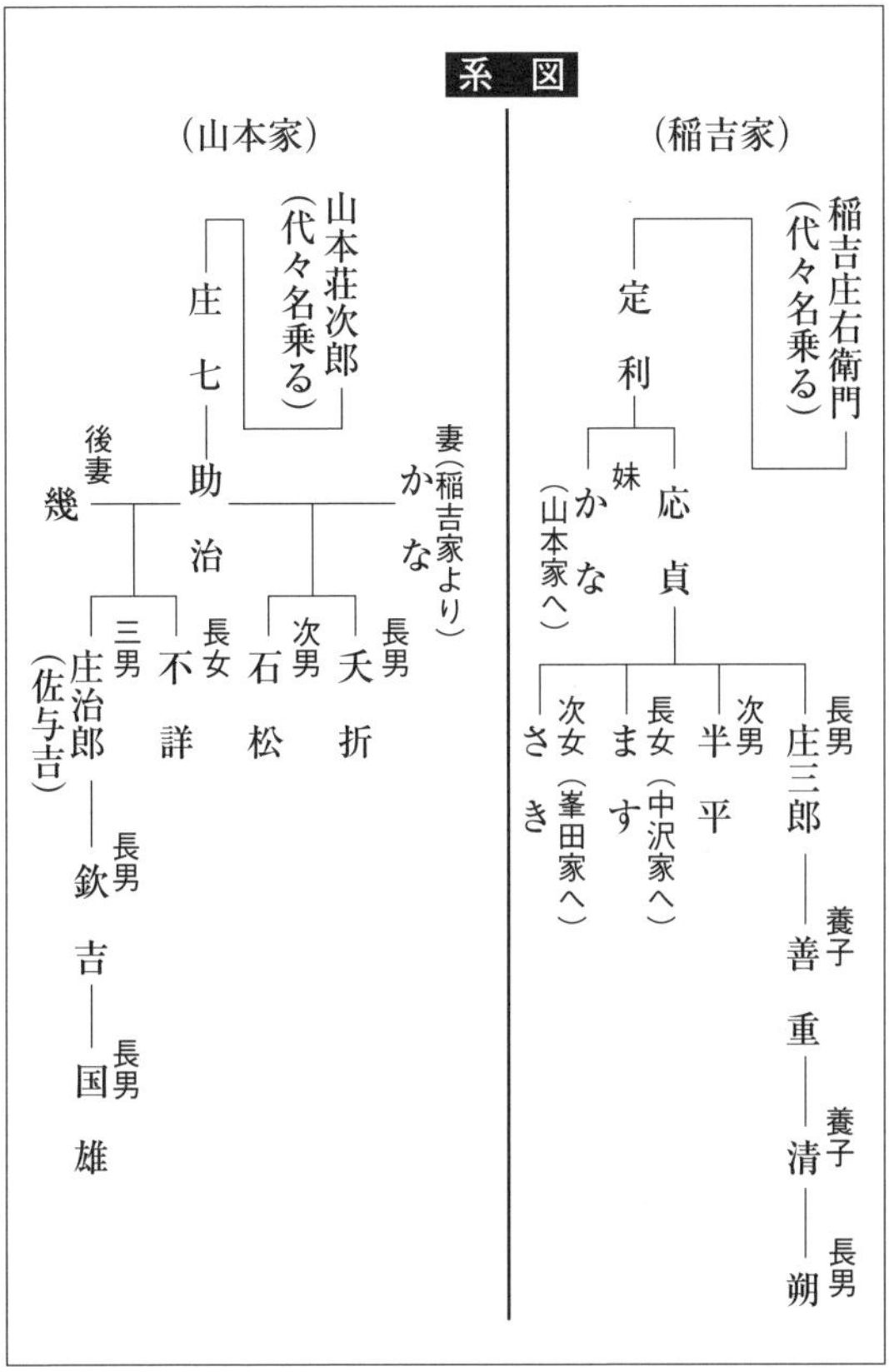

（一八二三）年）。

その2　呪われた運命

山本家では、屋敷の西北側の小高いところに諏訪明神の分神を勧請し、内神様として祀ってあったが、父、助治の代になってから、この内神様を請われるままに伊勢の人に譲ってしまったのが運のつき。それからの山本家は不運続きで、火災に遭うなど衰退の一途を辿り、三度目の火事では石松の母かなと、飼っていた馬まで焼け死んでいる。

たび重なる不幸に見舞われた助治は、知らぬ他国へ行ってこの苦境を乗りきり、家の再興を図ろうと自分の土地を近所の人に預け、幼い石松を連れて遠州森町方面の山へ炭焼きの出稼ぎに行き、遠州三倉村で庄五郎を名乗り、仕事をしていた。

その3　助治の証文

このことについては、昭和の半ばを過ぎた頃、地元、富岡地区の本多美佐夫（平成七年二月十四日没、八十一歳）先生を中心とした郷土史研究グループの諸氏が富岡区所有の古文書を整理中、偶然に発見したものである。石松が幼児期に親子で森町在の山中で、炭焼きの稼業に精を出していたことは、当時の体験談を助治から聞かされていた地元の古老たちの伝承で知っていたが、証文の発見により、遠州行きの確かな立証がなされたわけである。

この古文書は「質地畑証文」といい、土地の貸借関係の約束事を書いたもので、次のようになる（文中の名前については富岡区の資料参考）。

相渡し申す本畑証文之事

石松の父、山本助治が自分の土地（二畝九歩＝取れ高二斗七合）を巳年（文政四年か）より十ケ年の期限をきって近所の山本孫助に預け、五両三分の金を借りた証文で、保証人に庄屋の中村友右衛門をたて、村役人の浅見惣右衛門に差し出された時の文書である。

「畑を預ける時の条件として、役所へ納める年貢や農民に課せられる労働義務（お役）、納入金等の務めを果たして下さい。

尤も十ケ年の年季が過ぎ、元金を返した時は間違いなく右の地所を返して下さい、後日の為、証文、箇条書きの通り」の要旨である。

その4　少年時代を遠州で

父親に連れられて山に入った石松は、炭窯や山小屋の付近で一人遊びをしており、石松が七歳の頃、森町の天宮神社祭礼の花火や太鼓の音に誘われて山を下り、祭り見物に出かけた。その際、混雑に紛れて迷子となり泣いているところを、お参りに来た麓《ふもと》の「新屋」（この場合、「森の五郎」宅を本家、「新寅」宅を「新屋」（分家）と言

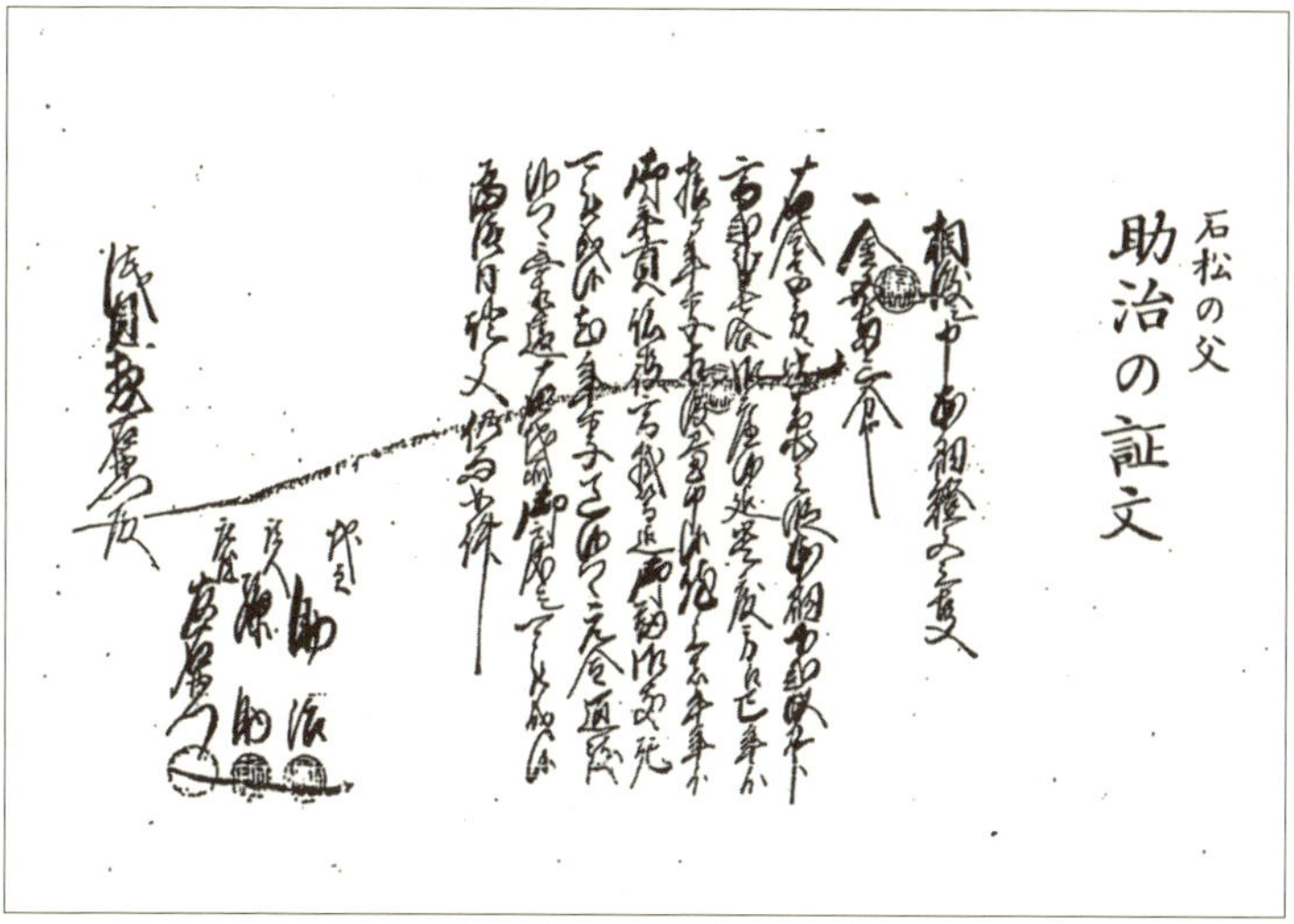

▲助治の質地畑証文　【注】文中の横棒線は、借金の完済による印

っていた）の主人に見つけられた。主人が「家はどこか、親はなんとゆうか」と尋ねると、ただ「あっち」と秋葉山のほうを指さすだけで名前は「石松」と答え、「年齢

書き下し文

相渡し申す本畑証文の事

一金五両三分也

右金子方ニ字亀の段本畑下二畝九歩
高二斗七合御座候処貴殿方へ巳年より
十ケ年季相渡し置申し候　然る上は午年より
御年貢諸役高掛り等まで御勤め御支配
成さるべく候　尤も年季過ぎ候ハバ元金返致し
候ハバ相違なく右地所御戻し成さるべく候
後日の為証文　よって件の如し

地主　助　治
請人　孫　助
庄屋　友右衛門

浅見惣右衛門殿

は」と聞くと、指を折り曲げて「七つ」と言った。

そこへ来合わせた、地元、森の五郎親分が「俺が引き取って育てよう」と言って身元引受人となった。

森の五郎親分の弟である新屋の主人も、「祭礼の日に迷子になって、俺と会うのも天宮神社のお引き合わせ。ひとまず家に連れ帰って、あとのことを考えよう」と自宅に戻り風呂に入れ、年恰好の着物を整えて着せた。さっぱりとした身なりになった石松は、そのまま新屋で暮らすことになった。

石松が預けられたところは、森町で「新屋」という旅館を営んでいる、中根安雄氏の七代前の「新寅」という人の家で、清水次郎長に引き取られる十四歳の頃まで育てられたと中根安雄氏は語っている。

神社境内の駐車場脇には、「森の石松ゆかりの地」の石碑が立っている。

一方、石松がいなくなって心配して捜していた父親の助治も、間もなく石松の所在を知ったが、そのまま新屋に預ってもらうことにした。

あとになって、森の五郎親分の身内の宇吉が新屋を訪れた際、廊下を歩いていた石松を見かけた。ちょうど同じ年頃の孫を病気で亡くしたばかりで寂しい思いをしていた時だったので、新屋の主人から事情を聞いた宇吉は、「この子を俺に預からせても

▲新屋旅館。右端に写っているのは、天宮神社の鳥居

らえないか」と頼んでみたが、「せっかくなついた石松を手放すことは忍びない」と話し合うことになった。その結果、両家で養育することになり、以来、石松は両家を自由に行き来し、清水次郎長に引き取られるまで暮らしたといわれている。

その頃の石松は体格もよく、大人顔負けの力持ちである反面、乱暴者でいささか体を持て余していたといわれている。

▲森の石松ゆかりの地にある記念碑

▲天宮神社の鳥居

その5　次郎長に見込まれ清水へ

石松十四歳の頃、たまたま清水の次郎長が、兄弟分の森の五郎を訪ねてきた折、新寅の所へ立ち寄り、じっと石松の動作を見ていたが、「この小僧は見どころがある」と言ってもらい受け、清水へ連れて帰った。

清水一家に引き取られ、大政、小政や先輩たちにしごかれて、侠客社会に溶け込んだ石松は、二十歳を過ぎた頃には、清水一家の中で頭角を現すまでになった。

石松の伯父、稲吉庄右衛門応貞は仙台の人が編み出した愛宕流剣術、槍術、捕手術等の免許皆伝の達人で、弓術も日置流の奥義を極めた名士であったといわれている。

そのことを石松が、「俺の伯父ごはめっぽう剣術が強いぞ」と言ったことから、母かなの兄、稲吉家三十二代目の当主、庄右衛門応貞は、清水次郎長から若い衆に剣術

▲次郎長生家

を教えてくれと頼まれた。そして、他ならぬ甥の石松がお世話になっている清水次郎長の頼みとあって、石松を含む一家の若い衆に剣術の指南をすることになった。

　さすが次郎長が見込んだとおり、石松は生まれながらにして剣術の素質に恵まれ、めきめき腕前も上達し、次郎長の用心棒としてなくてはならない存在となった。

　以来、清水からは次郎長やその代理者が明治五年頃まで、慶弔の挨拶に稲吉家を訪れるのが常であったとか。そのことは三十七代目当主、稲吉朔氏や身内の者も語っている。石松もときどきは稲吉家を訪れていたようだ。

▲稲吉家

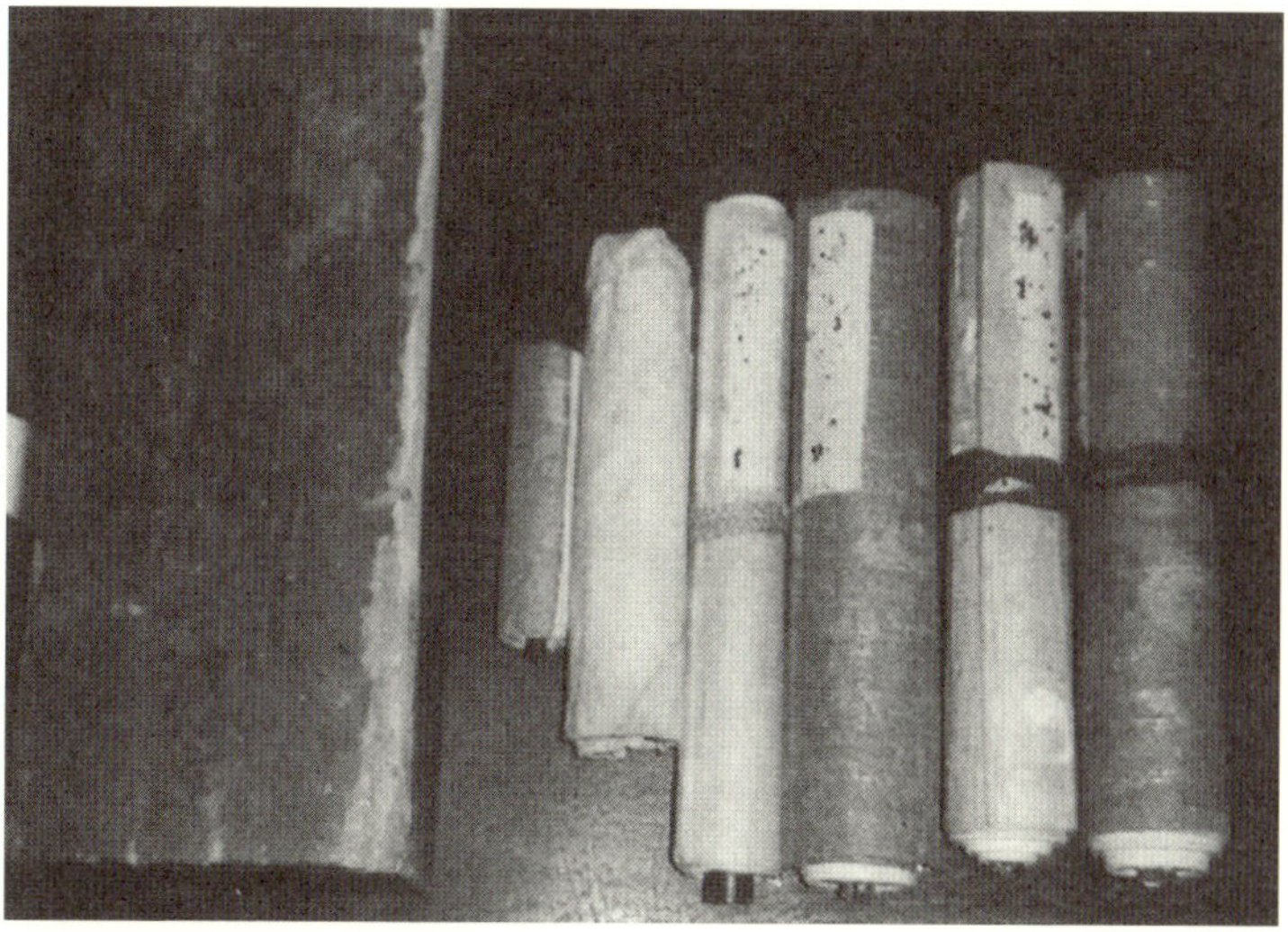

▲応貞の免許皆伝の巻物

その6　久六の裏切り

清水一家に引き取られた石松は、大政、小政等と次郎長の片腕となって活躍、出入りのたびにお上のお尋ね者として捕吏に追われて、各地を流浪することもたびたびあったとか。

次郎長は江尻の大熊の妹、おてふと結婚していたので、江尻の大熊とは姻戚関係にあった。その江尻の大熊と甲斐の祐天仙之助の不和から、仙之助の親分を斬った。仙之助は死にはしなかったが、次郎長は捕吏に追われて妻おてふと旅に出た。

旅の途中、名古屋、巾下の長兵衛宅で妻は病死（安政五年十二月二十九日）。初代おてふの墓は、名古屋市平和公園内、妙蓮寺境内に供養されている。

この時、以前、一宮久左衛門との抗争で味方についてもらうという大恩を次郎長から受けていた保下田の久六が、追われていた次郎長を役人に密告したり、長兵衛までも無実の罪で牢獄死させた。

この時の遺恨を晴らすため、子分十一名を連れて金毘羅様に必勝祈願をしている。

そして首尾よく本懐を遂げるが、お上の目を逃れてしばらく潜伏する。

次郎長は、金毘羅様にお礼参りを、石松に代参するように命じ、次郎長が久六を斬った井上真改作の銘刀を、金毘羅様に奉納した。

石松は帰る途中、近江の身請山鎌太郎を尋ねる、その時、おてふへの香典二十五両を託されて帰る。

その7　金毘羅参りの帰り旅

森の石松は清水次郎長の代理として、四国の金毘羅参りを済ませて、帰りに富岡、堀切の生家に立ち寄っている。

久し振りに家に帰った石松は、金毘羅様のお札や土産物を兄弟や近所に配り、道中の苦労や楽しかったことなどを語り、先祖のお墓参りも済ませた。

二、三日滞在ののち清水へ向かうが、その前に新屋の山本小太郎のところへ挨拶に行くと、お茶菓子代わりに炒り豆と番茶でもてなされた（やくざの社会では、炒り豆ははぜる、腹を切られる、いびられる等が連想されるので嫌う）。

石松は、家に帰って庄治郎に「新屋の親父は人を馬鹿にしゃがって、炒り豆を出しゃあがった。縁起が悪い。今度の旅じゃあ碌《ろく》でもないことがあるかもしれん、俺に万一のことがあったら助太刀をしてくれ」と言って庄治郎に道中差しを渡し、連れ立って家を出た。

出る前に隣の山本てつ（昭和七年四月十八日没、九十二歳）さんに石松は、「途中、遠州寺島の吉兵衛のところへ立ち寄って帰る」と語っている。

吉兵衛の弟、常吉と石松はうまが合って仲がよかったので、ここへ立ち寄った石松は、次郎長の命で金毘羅代参をしたことを語り、言わなければよいものを身請山の鎌太郎親分から、おてふ姐御への香典二十五両を預かっていることまで喋ってしまった。この一言が石松の命取りになることも知らずに。

その8　吉兵衛たちの企み

その頃吉兵衛は金に困っており、「その金を二、三日貸してくれないか」と頼んだ。お人好しの石松は、断ることもできずに要求に応じて二十五両の金を貸してしまう。その後、期日がきても金を返してくれないので、石松はしつこく催促したがそれでも返してくれない。

そうした時に吉兵衛たちは、奸計をめぐらして、石松をバラして（殺して）しまうことにした。

ちょうどその頃、保下田の久六の子分である布橋兼吉等が、親分の仇、清水一家の様子を窺いながら、浜松の国領屋へ立ち寄っていた。そして、「俺のところに清水一家の石松という野郎がいる。親分の仇を取るなら一分の助太刀をしてやってもいいが、どうだ」と吉兵衛が持ちかけた。

石松たちが吉兵衛宅に宿をとって五日目、石松が清水へ帰ると言うので、吉兵衛は、「隣村の祭礼に賭場が開かれる、そこで金を返す」と石松を騙して連れ出した。

万延元年（一八六〇）六月一日の夕暮れ時、客人の石松兄弟を親分と子分が村境の増沢まで見送った。谷を渡り、三方原台地を南東、浜松に向かう。

▲都鳥吉兵衛住居跡

奄寺川《あんでらかわ》の用水掘りのところまで来た時、吉兵衛は、「俺は芝本の山口屋にいる子分を見回ってくるから、石、お前は一足先に小松村の七五郎宅まで行って、待っていてくれないか。俺もあとから小松へ行くから」と言って石松と別れた。

何も知らない石松はそのまま七五郎宅へ向かう。

石松を送り出して間もなく、吉兵衛宅へ渡世人が抜刀して乱入してきた。聞けば先年、次郎長や石松等に殺された久六の子分、布橋の兼吉、小島の松五郎、鹿島の久松の三人で、国領屋で聞いて石松を追ってきたという。

すでに出かけたあとで、すぐ引き返してあとを追うが、相手の石松は名うての暴れん坊、一人でも味方が多いほうがよい。そこで常吉、留吉の両人に協力、加勢を頼み込んだ。二人は石松が滞在中、自分たちや子分に対する態度に少々不愉快な思いをしていた矢先だったこともあり、仇討ちの加勢に同意してしまった。

その9　七五郎に匿まわれる

吉兵衛と別れて用水堀りのほとり、小松林の細道を歩いていた石松を、後ろから追ってきた数人が声をかける。

「オイ石松待て。親分の仇だ、逃がさんぞ。覚悟しろ」

すかさず後ろから斬りつける兼吉たち。それを合図に四方、八方から斬りかかる。

▲七五郎の子孫（松本家の家族）

意外にも、今日の昼まで厄介になっていた常吉、留吉の兄弟までいるではないか。

　相手が死ぬか、自分が死ぬか、一か八かの真剣勝負。しかし、多勢に無勢でどうすることもできず、石松は斬り伏せられてしまう。とっさの出来事に、弟の庄治郎は助太刀どころか、命からがら逃げ出して茶畑の蔭に隠れ込んだ。石松はこの場は不利と走り去る。足早の石松を見失って諦めた追手。危うく難を逃れた石松は、やっとの思いで七五郎の家にたどり着き、事情を話して助けを求め、傷の手当てを受けて、仏壇の下に匿ってもらう。

　そこへ、石松が来たかどうかと確かめに来た吉兵衛に、来なかったと答える七五郎夫妻。吉兵衛は疑問を抱きながらも、やむなく去っていく。

　吉兵衛が遠ざかっていくのを確かめた七五郎。仏壇の下へ隠した石松を呼び出して、

「夜のことだから都鳥一家の者がアミを張っていることだろう、この身体じゃいざという時は不利だ。傷が治るまで当分の間、私の家に泊まっていくがよい。このことに

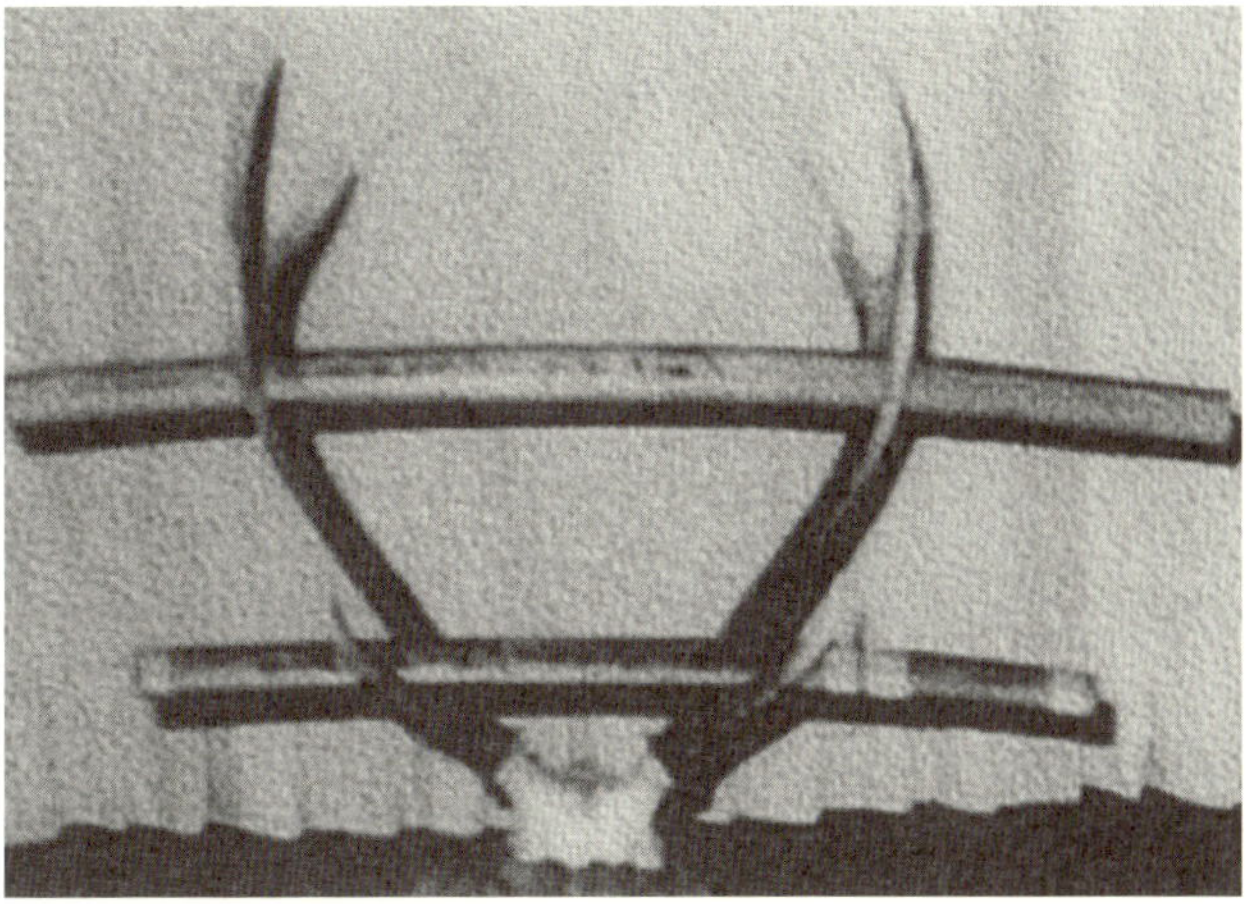

▲上・七五郎使用の刀
下・吉兵衛使用の刀

▲銀の茶釜

ついては、次郎長親分に事情を話して了解してもらうよう口添えするから、ゆっくり泊まっていくように」となだめたが、「七五郎さんの気持ちはよくわかっているが、今夜のところはぜひ、俺の言うようにしてやっておくんなさい」と夫婦が止めるのも聞かず、杖をたよりに七五郎宅を出ていった。

石松は、後ろを振り向き振り向き、別れを惜しみながら去っていく……。

夫婦も虫の知らせか、去り行く石松の後ろ姿に一抹の寂しさを感じながら見送った。

その10　石松の最期

やがて行く手彼方に人の気配がしたので、石松は近くの閻魔堂に身を隠した。だんだん近づいて堂の前までやって来たのは、布橋の兼吉等と直感。息を潜めて隠れているも、自分の悪口を言われて我慢に堪えられず、敵の最中へ躍り出てしまう。

しかし、ただでさえ手負いの身体、すぐに斬られてしまった。

いったん引き上げた都鳥一家は、再び戻って石松に止めを刺し、胴巻きから金を奪い取り退散した。

▲閻魔堂

▲首なし塚（石松の首なし地蔵尊）

石松は「もうこれまでだ」と言って腹を切り、立派に相果てたと、石松の最期を見届けた弟の庄治郎は語っている。

その11　村人に敬遠された石松

途方に暮れた庄治郎は落ちていた刀を拾い、石松の首だけを切り離して持ち帰り、洞雲寺の院主に頼んで葬ろうとした。ところが当時、石松の生まれ故郷、半原（富岡）の辺りにもやくざ（渡世人）が横行していたようで、お役所からは、「やくざの姿を見ても、決して関わり合いにならぬように」とのお触れが出ていたくらいで、村人は極度にやくざを敬遠していた。

このような時だったので、庄治郎が持ち帰った兄、石松の亡骸を葬ることも村人に反対され、山本家ではやむなく《墓石は自然石だけで、戒名はつけない》ということで、石松の身内や近所の人たちだけで、ひっそりと埋葬した。

その12　石松の仇を討つ

歴史家、梅田貞夫氏によると万延二年（一八六一年）正月十五日、親分都田の吉兵衛一味九名は、次郎長一家がふぐ中毒に当てられて寝込んだと聞き、この機に襲わんと清水へ向かう途中、追分の駕籠屋、青木屋で酒を飲んでいるところを、それを知った親分、次郎長が引き連れた大政、小政や石松と義兄弟の契りを堅く結んだ森の八五郎ら子分たちに逆に奇襲され、石松の恨みを晴らす。次郎長は「死ねば敵も味方もない、みな仏である」と、吉兵衛らの遺体を清水湊向島の私有地に担ぎこみ、文久二年（一八六二年）三月十五日（万延二年二月十九日、年号を「文久」と改む）吉兵衛らの墓標を建て、和尚を呼んで菩提を弔う。

同時に子分、石松の墓前（遠州小松村、閻魔堂境内、首なし地蔵尊、及び石松の郷里、三河八名《やな》郡半原村、山本家菩提寺、洞雲寺境内）に仇敵吉兵衛の髪などをおさめて、仇討の報告を兼ね、子分、三河大野の鶴吉に代参させたとの言い伝えがある。

石松は、洞雲寺境内にある山本家代々の立派な墓石の片隅に葬られている。家族や親戚の者も身内に渡世人がいたことで常に肩身の狭い思いをしており、周りの人たちもこれを気遣い、あまり石松の話はしないようになった。

やくざ者と嫌われながら、先祖の墓の片隅に寂しく葬られた石松も、ところ変わって遠州においては浪曲「森の石松」でお馴染みの広沢寅造師の名調子に乗って、「遠州森町の茶」がたちまち全国に知れ渡ったことで、石松は森町の恩人として感謝され、親しまれ、現在に至っている。


世間からは、やくざ者と嫌われながらも、石松の腕力は他の者より勝り剣に長じていたので、清水次郎長の子分として、清水一家の最右翼にあった。

半面その性格は、他人から頼まれれば嫌とは言えないお人好し。正直で単純、権力の横暴を許さず、正義を尊び常に弱者の味方を通し、侠客社会では稀にみる理想的な男であったといわれる。

本来ならば、幸せなはずの庄屋の次男。石松の幼い頃に不幸続きで家が焼け、母を失い、没落して貧乏暮らしがゆえに、侠客の道を辿る運命……。

吉兵衛に貸した金がもとで騙し討ちに遭ってしまうとは、まことに気の毒な人生である。

その13　石松の弟　庄治郎

石松を預け身軽になった父親の助治は、そのまま炭焼きの稼業に精を出し、四、五年を経てかなりの蓄えもできたので、故郷の三州堀切へ帰り再び百姓をすることになった。

それには手間もないので近所の幾と再婚、二人の間に長女と三男の庄治郎が生まれた。石松は弟の誕生を喜び、兄弟仲もよく、かわいがっていた。

庄治郎（明治三十九年七月十四日没、七十一歳）は通称、佐与吉と言い、地元では「佐与さ」と呼ばれていた。地元の千鳥屋酒店の使用人として働き、生涯を堀切で過ごした。

生前、親しかった近所の植村栄吉さんや、千鳥屋酒店の安形さつ（昭和四十六年十一月七日没、九十七歳）さんが当時のことを語っている。さつさんは通称「とみ」といい、本名よりはほとんどこの名で通していた。とみさんは、明治七年生まれで二十一歳の時、下条（豊橋市）からこの家に嫁いできた。

とみさんは、兄、石松の話を庄治郎さんから直接聞いており、とみさんの話では、「佐与さ」は店で酒を飲むたびに「俺は兄貴（石松）を見殺しにした。吉兵衛たちの騙し討ちに遭った時、兄貴が斬られて苦戦しているのを、茶畑の蔭に隠れて見ていながら、怖くて助けることもできなかった」と自分の意気地のなさを、いつも嘆いていた。

とみさんが、下条の実家へ帰る時「佐与さ」はいつも、とみさんの子供を背負ってお供した。

実家の法事の時などは、集まった親戚や近所の人たちは、仏供養の行事を済ますと早速、「佐与さ」から石松談義を聞くことにしていたそうで、それが済まぬとお開き（解散）にならないほど、下条の人たちはとみさんの里帰りを楽しみに待っていたという。

また石松の母、かなの実家、稲吉家の〔香奠覚帳（嘉永弐酉十二月七日卒ス）〕の中に〔弐百文　半原村　庄治郎〕の文字が見られる。

その14　ひとつの疑問

伝承によると、石松は万延元年（一八六〇年）六月一日の日暮れ時、都鳥の吉兵衛兄弟に騙されて、兄弟や保下田の久六の子分、布橋兼吉らに殺された。

一方、洞雲寺の墓地に葬ったのは、文久二年（一八六二年）六月十七日とある。少し日が経っているが、その秘密を解く鍵は、明治三十一年七月十五日に焼けた洞雲寺の位牌や過去帳にかかっている。

その頃、洞雲寺境内の一隅、小高いところに、金毘羅大権現の堂宇が造営された。平成十一年（一九九九年）八月二十七日にこのお堂が解体された時の棟札に、建ったのは文久二年三月吉日とある。

次郎長の子分、大野の鶴吉の実家（三河八名郡大野村）の屋敷内に、金毘羅宮の小祠と石松の墓碑として金毘羅大権現（文久二年三月十日付）の石塔を建立して石松の菩提供養がなされていたが、今は遠州森町の大洞院に移転（昭和四十七年）され祀られている。

吉兵衛らの遺体を次郎長が葬ったのも文久二年三月十五日、いずれの場合も同じ年（文久二年）に行われている、次郎長にかかわりのあることばかりで、偶然とは思えない。

石松の場合、同じ洞雲寺境内の金毘羅堂の完成を待って文久二年六月十七日に菩提の供養を併せ行ったのではないかと思うが、洞雲寺が明治三十一年に焼ける以前の記録は今はなく、確かな理由はわからない。

広沢虎造師の浪曲「金毘羅三十石舟」の一節の中で、「すし喰いねェ！　江戸ッ子だってねェ　神田の生まれョ　モットこっちイ寄んなョ」の金毘羅舟の中で石松の相棒になってくれたのは、ほかでもない尾張大野の鶴吉ではなく、正真正銘、生まれは鳳来寺山の麓、三河大野の鶴吉で、当時大野に住んでおられた渡辺登喜雄さんのご先祖であったといわれている。

その渡辺さんのご先祖が当時、本宅付近に祀られていた「金毘羅の小祠」と、石松の墓誌となる「金毘羅大権現」の石碑は、現在、遠州森町、大洞院境内に移設されている。

その15　石松の墓

山本家墓地

石松の故郷、新城市富岡の洞雲寺境内の、山本家墓地の片隅に葬られて寂しく眠る石松の墓。ひっそりとした墓前には、時折り賽銭や、酒、ビール等が供えられている。石松は、事実この墓に葬られているといわれている。

遠州森町　大洞院

静岡県周智郡森町の大洞院境内に、清水次郎長翁碑と並んで、子爵小笠原長生揮毫、侠客森の石松の墓碑が建てられている。立派な墓である。山本文緒住職は、大洞院では毎年一度、石松の供養祭を行い、森町観光協会主催の供養祭【石松祭り】も、三年に一度、町を挙げて仮装行列など盛大に行われていると言っておられた。森町の方に会うと、よく尋ねられる。「新城では石松祭りをしないのか」と……。

▲自然石が石松の墓、次郎長が供養に建てた五輪塔（台座は都鳥一家が持ち去った）

▲大洞院本堂

▲石松の墓と次郎長翁碑

▲石松の墓の全景

「石松の墓の変容」（墓前案内板より）

昭和十年　石松墓石建立（御影井戸付近）（天竜川の自然石）
昭和十八年　現在地に移転
昭和二十八年　次郎長翁碑建立（この頃から削り始めた）
昭和三十年　石松の墓石が削られ、字も欠かされた
昭和四十年　墓石が丸く変形してきた
昭和四十七年　石松の死を悔んだ次郎長親分が建立したものと思われる石松の石塔を、鳳来町大野の渡辺さん方から移転
昭和五十二年三月　変形著しくなった石松の墓石二代目を建立（神奈川県根府川の自然石）
昭和五十四年一月二十六日　石松の墓石二代目盗難
昭和五十四年三月十一日　石松の墓石（三代目）と同時に次郎長翁碑を建立（南アフリカ産黒御影石）
平成七年三月十二日　石松の墓石（三代目）次郎長翁碑修復

なお、大洞院の参拝、散策は秋の紅葉時期がすばらしい。
静岡市清水区南岡町、清水次郎長の菩提寺、梅蔭寺境内にも、石松の墓がある。

その16　次郎長生家の子孫来訪

平成九年八月二十六日、洞雲寺住職の鈴木一基さんより、清水から服部令一氏が富岡へ来られるとの連絡をいただき、早速お迎えのお供をすることになり豊橋駅へ向かう。

駅からは鈴木住職の車で堀切まで走り、石松の生家跡を尋ねた。服部氏は「堀切の山本さんから石松の話を聞いて、急に来たくなった。以前来てから二十年振り」と懐かしそうに言っておられた。

洞雲寺への途中、私のところに立ち寄り、安形さつさんの孫、柿野満子さんと山本てつさんの実家の子孫、菅沼光男氏から石松の昔話を聞かれたあと、お寺に向かう。

洞雲寺では、鈴木住職から石松の事跡について聞き取られ、石松の墓参りを済まさ

▶向かって左から、服部氏、鈴木住職（伊田家にて）

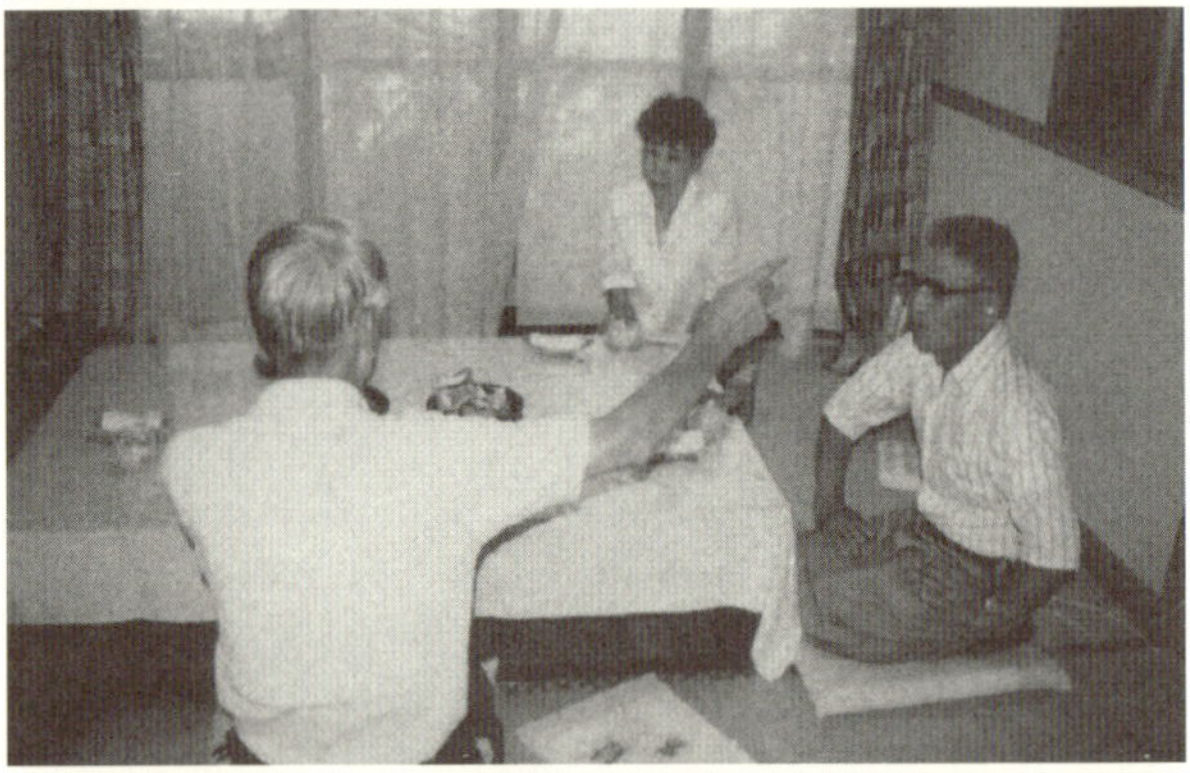

▶手前が服部氏、奥が柿野さん、右が菅沼氏（伊田家にて）

▶向かって左から、服部氏、鈴木住職、菅沼氏（洞雲寺にて）

▲洞雲寺

▲洞雲寺山門

▲石松の墓に詣でる広沢虎造師夫妻　洞雲寺、鈴木覚明住職の両側（昭和44年３月23日）

れて清水へ帰られた（服部氏は、平成十四年十二月十五日、八十八歳の高齢で亡くなられた）。

その17　交流

石松の母の実家訪問

平成二十二年七月二十三日、遠州森町観光協会の皆さんが、社会見学で新城市富岡の洞雲寺や、石松の母の実家（作手大和田）稲吉家を訪れた。稲吉家は大和田の旧家で、初めての訪問とのことであったため私たちも合流し、案内をした。三百年以上も経た大きな家で、次郎長や石松もたびたび訪れていたそうだ。

御園座観劇会

平成二十三年八月二十八日、北島三郎さんの特別講演「清水の暴れん坊」を観に行った。その際、御園座のご好意で森町観光協会（七十六名）、三河石松会（二十七名）

▲石松の母の実家前にて

の役員が楽屋へ招待され、記念写真を撮った。

森町　天宮神社修復工事成る

平成二四年六月一九日の台風四号の被害を受けた、天宮神社本殿の修復工事が完了した。ここは神社祭礼の時、石松が迷い子になったお宮である。

小松村の七五郎子孫松本家

平成一六年八月に伺って以来、久し振りの訪問。当時と変わらぬお元気な皆さんとお会いできて嬉しい。

森の石松まつり

遠州森町では、観光協会が主催して三年

▲御園座　北島三郎さんの楽屋にて

▲台風被害復旧工事が完了した天宮神社（平成25年６月11日）

▲台風４号被害の復旧工事中（平成24年12月27日）

に一度、石松の道中仮装行列や余興等も行われている。

◀松本家の皆さん（平成25年6月11日撮影）

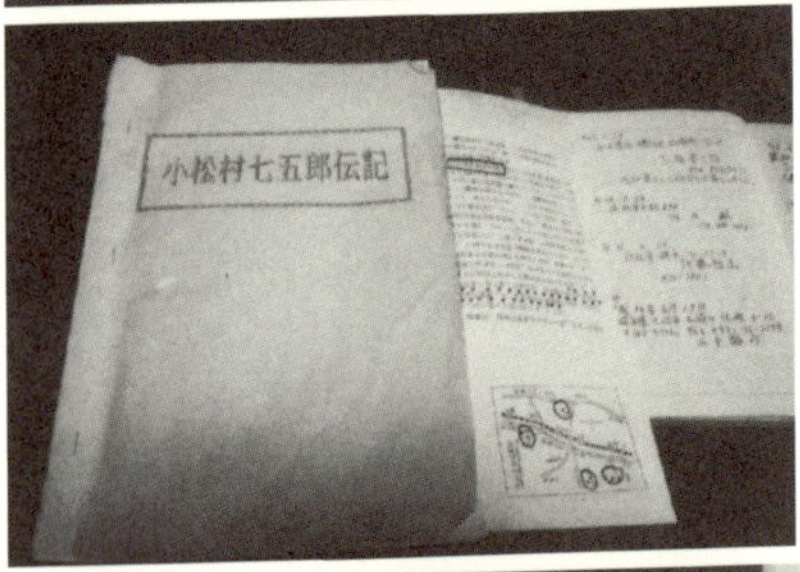

◀小松村七五郎伝記

▲七五郎夫妻愛用の品（銀の茶釜と火のし）

終わりに

まじめに暮らす大衆からは恐れられ、嫌われて当たり前の「やくざ社会」に身を置いた森の石松。万延元年六月一日、金毘羅代参の帰りに都鳥三兄弟の騙し討ちに遭って以来、一五〇余年たった今日もなお、石松の人気は衰えることもなく、むしろ親しまれ、清水の梅蔭寺（次郎長菩提寺）・森の大洞院はむろんのこと、石松の故郷、新城市富岡の生家跡や洞雲寺にも、遠方から訪れる人があとを絶たない。

私は思う。石松はその生涯を主に駿河・遠江の地で過ごしたであろうと。故郷「三河の石松」というよりは、「遠州森の石松」と言われたほうがいいのではないか……。しかし、《三州堀切の生まれ》の事実だけは伝えておきたい。

本稿の執筆にあたり、稲吉朔氏を始め鈴木一基氏、菅沼光男氏、柿野満子氏並びに遠州地区では、金浜会の河野会長を始め会の皆様方、松本英嗣氏、杉山茂氏、山本文緒氏、中根康夫氏など多くの方々のご協力をいただき、感謝申し上げます。

歴史研究家の梅田貞夫先生には、資料のご提供とご指導をいただき、大変お世話になりありがとうございました。

著者プロフィール

伊田 良種（いだ よしね）

昭和２年１月生まれ
愛知県出身
昭和８年４月　八名村立富岡小学校入学
同16年３月　同校卒業
同18年３月　八名青年学校卒業
同18年９月　名古屋市・愛知航空機株式会社入社
同20年　同社を退社
同年10月　八名郵便局に就職
同61年退職、現在にいたる

森の石松は三河の生まれ

2017年３月15日　初版第１刷発行
2021年12月20日　初版第２刷発行

著　者　伊田 良種
発行者　瓜谷 綱延
発行所　株式会社文芸社
〒160-0022　東京都新宿区新宿1－10－1
電話　03-5369-3060（代表）
03-5369-2299（販売）

印刷所　神谷印刷株式会社

ISBN978-4-286-17651-2